노래일기

노래일기

ⓒ 조용한작곡가, 2026

초판 1쇄 발행 2026년 2월 26일

지은이   조용한작곡가
펴낸이   이기봉
편집   좋은땅 편집팀
펴낸곳   도서출판 좋은땅
주소   서울특별시 마포구 양화로12길 26 지월드빌딩 (서교동 395-7)
전화   02)374-8616~7
팩스   02)374-8614
이메일   gworldbook@naver.com
홈페이지   www.g-world.co.kr

ISBN   979-11-388-5523-5 (03670)

노래일기

조용히 만든 하루들이 남았다

조용한작곡가 지음

좋은땅

나는 말을 잘하지 못한다.

그래서 노래를 만들었다.

이 책에 실린 노래들은

잘 만들기 위해 만든 노래가 아니다.

잘 살아보려고,

하루를 견디기 위해

매일 만들었던 기록이다.

나는 하루를 길게 설명하지 않는다.

3분이면 충분하다.

노래 한 곡이면

그날의 감정과 생각, 몸 상태,

그리고

내가 살아 있었다는 사실이 남는다.

이 책에는

4,000곡 중 108곡이 실려 있다.

대표곡을 고른 것도 아니고

잘된 노래를 모은 것도 아니다.

다만

시간 속에서

스스로를 지나치지 않았던 날들이다.

누군가는 지나쳤고

누군가는 웃었고

나는 계속 만들었다.

노래는

설명하려고 만든 것이 아니다.

그날을 버티기 위해

남겨둔 것이다.

이 책을 읽다가

노래를 듣지 않아도 괜찮다.

페이지를 넘기며

그날의 제목만 읽어도 좋다.

그날의 마음만

조용히 남아도 충분하다.

이건 음악집이 아니라

한 인간이 시간을 통과한 방식이다.

나는 노래를 만든 게 아니라

하루를 기록했다.

이 책은

그 기록의 일부다.

♪

이 책은 곁에 두고 하루에 몇 페이지씩 읽는

책이었으면 좋겠습니다.

목차

PART 2 노래로 말하는 사람

PART 3 몸과 마음을 살리는 방식

PART 4 비가 오면 떠오르는 것들

PART 5 그녀라는 세계

PART 6 우리가 고양이가 되는 시간

PART 7 아빠의 노래

PART 8 음악이 시작된 장소들

PART 9 남겨두고 싶은 이름들

PART 1

매일 다시 태어나는 사람

하루살이 2195

오늘이 내 인생의 전부라면
얼마나 가벼울까.
어제의 실패도
내일의 불안도
오늘 앞에서는 잠시 물러나도 된다면.

나는 매일 다시 태어난다.
그래서 오늘이
나를 증명한다.

하루살이처럼 살아도
괜찮지 않을까.
짧아서가 아니라,
온전히 오늘이기 때문에.

노래일기

나 성일이야 3667

내가

제일 좋아하는 말

나 성일이야

성일이라고

내가

책임진다는 말이고

믿어도

된다는 말이고

뒤끝

없다는 말이고

그냥

나를 따라오라는 말이야

왜 하필

성일일까

딱 한 번

만나보면

알게 될 거야

왜

성일이면

충분한지

성일아 말하지 마 3740

성일아

말하지 마

노래하면 되잖아

글로 쓰면 되잖아

행동으로 보여주면 되잖아

예전처럼

급하고 불안한 미래는 없어

지금의 내가

나를 증명하니까

꿈꿀 수 있는 건

이룰 수 있기 때문이고

행복할 수 있는 건

내가 단순해서야

조용하게

겸손하게

웃으며 살자

말 좀 그만해

성일아

계속 노래 할거야 2867

나는 계속 노래할 것이다.
이유는 묻지 않아도 된다.
일어나서, 걷다가,
밥을 먹다 말고도
노래는 먼저 나온다.
사는 데 이유가 필요하다면
내겐
노래가 그 이유다.
아직 잠들기 전까지는
계속
노래할 것이다.

노래가 꿈인 사람은 나밖에 없었지 1704

초등학교 때도

중학교 때도

고등학교 때도

나는 늘 앞에 나가 노래를 불렀다.

우리 반에서

노래가 꿈인 사람은

나밖에 없었다.

군대에서도

유격 때도

혹한기 때도

행군을 할 때도

사람들 앞에 서면

나는 노래를 불렀다.

주변을 둘러보면

지금도 그렇다.

노래가 꿈인 사람은

여전히 나밖에 없는 것 같다.

그래도

괜찮다.

나는 아직도

그 꿈을 살고 있으니까.

챗GPT에게 내 사주를 물었다 3735

며칠 전에

챗GPT에게

내 사주를 물었어

하고 싶은 거

다 하래

노래와 글로

많이 남기래

오십부터

내 세상이 열린대

음악 안 하면

손해인 사주래

작업이 쌓일수록

운이 열린대

다행이다

난 계속 만드는 사람이니까

노래일기

밤새

영어 공부하다 잠들고

아침에 일어나면

또 하고

일하면서도

운전하면서도

틈만 나면 하고

밥 먹을 때도

화장실에서도

길을 걸으면서도

이젠 영어가

공부가 아니라

내 생활이 됐어

노래보다

말해보카가

더 좋은 걸

그냥

미친 거지

말해보카 어휘력
대한민국 상위 0.01%를 기대하며… 3655

SNS 하지 마

어떤 영상도 보지 마

아무도 만나지 마

전화도 받지 마

약속도

말도

줄여

술 마시지 말고

졸리면 자고

일어나면

말해보카

배고프면 먹고

먹으면서

말해보카

매일

이만 보 걸으며

말해보카

끌어당김의 법칙을 시작한다 3695

이제

믿어보기로 했다

애써

붙잡지 않아도

오는 것들이 있다는 걸

좋은 생각을 하고

좋은 말을 하고

좋은 하루를 살면

그 방향으로

삶이

움직인다는 걸

불안 대신

기대를 놓고

조급함 대신

지금을 살면

언젠가는

딱 맞는 자리로

나를 데려다줄 거라서

오늘부터

조용히

시작한다

지금

행복한데

설명하긴 어려워

그냥

아무 일 없는

이 저녁이 좋아

아침엔

평범하게 출근하고

상사 눈치 보며

잠깐 졸기도 하고

늦은 오후가 되면

퇴근할 궁리를 하고

집으로 돌아가는

차 안에서

조용한 자유를 느끼고

난 이렇게 살 거야

지금처럼

꼭 지금처럼

새벽에

출출해지면

신라면 하나

끓여 먹으면서

노래일기

PART 2

노래로 말하는 사람

조용한 작곡가 3182

가만히 생각해 보니까

난

싱어송라이터는 아니야

기타도

잘 못 치고

피아노도

잘 못 치고

노래도

잘 부르는 편은 아니고

공연 날짜를 정해

그때 맞춰

노래하는 것도

잘 못 해

대신

부르고 싶을 때

부르고 싶은 곳에서

노래해

난

작곡만 해

약속은 싫고

사람도

조금 싫고

그런데

사람들 앞에서

노래하는 건 좋아

그러니까

끌려다니며

노래하는 건

싫다는 거지

조용한 작곡가(Silent Song Writer) 3678

아주 작은 소리로

소리가 없는 것처럼

노래를 만들고

그 노래를 부르고

다시 듣는

단 한 사람

내 주위의

모든 생물과

모든 무생물은

이미

노래가 되어 있고

어떤 장면도

오늘 하루도

고양이의 하루도

너도

나는

조용하게

전부 노래로 만든다

우리는 늘 순간 순간 멜로디가 떠오른다 3660

순간순간

멜로디가 떠오르면

숨 가쁘게

녹음기를 켜고

이건 대박이다 싶어

몸이 떨릴 만큼

집중했는데

나중에 들으면

별로일 때가 있어

시간도

공간도

마음도

달라졌으니까

그래서

멜로디가 떠오르면

그때그때

어설퍼도

끝까지 만든다

나중에 다듬어도

상관없어

그 순간의

숨과

목소리까지

그때만

완전하니까

그래서

지금도

이러고 있다

내 노래가 다 똑같다고? ㅎㅎ 2282

잘 들어봐

방금 만든 노래는

그전에 만든 노래랑

좀 비슷해

그런데

그 전전에 만든 노래랑은

또 달라

오늘 만든 노래는

어제 만든 노래랑 다르고

이번 달 노래는

저번 달 노래랑 다르고

여름에 만든 노래는

봄에 만든 노래랑 다르고

올해 만든 노래는

작년이랑 완전히 달라

1996년에 만든 노래는

노래일기

2022년에 만든 노래와
아주 조금 다르더라

버스킹 하듯이 3747

버스킹 하듯이

글을 쓰면 됩니다

노래하고 싶을 때

그냥 버스킹 하잖아요

글도

그냥 쓰기 시작하면

써집니다

생각보다

아주 많이 써져서

스스로 놀랄 거예요

그림을 손이 그리듯

글도 손이 알아서 씁니다

일기든

시든

가사든

낙서든

핸드폰 하나면

충분하죠

노래를 많이 만들었다.

앞으로도 계속 만들 것이다.

글귀 하나,

명언 한 줄,

사랑 이야기나

말하지 못한 편지까지.

형식은 중요하지 않다.

이야기면 충분하다.

보내주면

나는 그걸 노래로 바꾼다.

가능한 한 빨리,

가능한 한 진심으로.

취향이 있다면

그 느낌에 맞춰 만들고,

없다면

내 방식으로 부른다.

비용은 없다.

대신

당신의 이야기가 남는다.

지금 당장.

글쓰기 모임을 하고 싶어 3743

내가 하고 싶은 모임은

글을 쓰는 모임이야

하나의 주제로

각자 쓰고

만나서 읽어

시는 시대로

글은 글대로

노래는 노래대로

조용히 듣고

느낌만 나누는 시간

강북이면 좋겠고

일주일에 한 번

커피 값이면 충분해

가끔은

코인 노래방도 가는 그런 모임

없으면

내가 만들면 되지

나는 말이 많다.

그래서 실수도 많다.

어느 날

그냥 노래로 말하고 싶어졌다.

말 대신

노래로 대답하고 싶었다.

말은

가볍고

쉽게 흩어졌지만

노래는

조금 더 오래 남았다.

기타를 들고 다니며

노래로 말할 수 있다면 좋겠다고 생각했다.

기타가 없어도

노래로 말하고 싶었다

나는

말에는 소질이 없고

눈치도 없고

비밀도 잘 못 지킨다.

그래서

차라리

노래가 나왔다.

오늘도

나는 나를 위해

작은 공연을 연다.

매일 밤,

내 방에서

숨을 죽이고 부르는 노래.

세상에 아직 없던,

방금 태어난 노래가

조용히 태어난다.

아무도 듣지 않아도 괜찮다.

이유가 되어주면 충분하다.

내 노래의 악보는

오직

내 마음속에만 있으니까.

시처럼,

일기처럼,

나레이션처럼

나는 이렇게 살아간다.

내 노래는

365일,

매일 밤

발표된다.

조용한 작곡가의 사무실 3679

새벽 한 시

면도를 하고

셔츠 하나 챙기고

핸드폰 세 개를 들고

쏘니 헤드폰을 쓰고

출근을 하지

부동산이냐고?

아니

작곡가 사무실이야

지금은

수강생도 없고

아주 조용해

부동산 같기도 하고

작곡가 사무실 같기도 한

이 공간

이 고요를

조금 더 즐기고 싶어

낮엔 부동산

밤엔 작곡가

오늘도

노래를 만든다

위치는

불광동

행복 부동산

시간은

새벽

두 시 반부터

그때부터

노래를 하고

꿈을 꾼다

틈틈이 떠오르는

멜로디를

조금씩 모아

노래를 만들고

사랑도

이별도

고양이도

아들도

영화도

영어도

내 노래 안에

다 들어 있어

노래가 듣고 싶으면

찾아 와

부르고 싶어도

찾아 와

집 없이 못 살 듯

노래 없이도

우린 못 살아

통기타도

잠깐 가르쳐 줄게

사발면은

네가 사고

우린

밝은 아침을

함께 기다리자

어느 젊은 택시기사님의 사랑 이야기 3749

미안하고

고맙고

그리고 사랑해

날 만나줘서 고마워

말이 길어질수록

나는 더 어려워지고

말하지 못한 말은

앞으로도

쉽게 꺼내지지 않겠지

그래서 나는

노래로 말해

미안해

고맙고

그리고 사랑해

더 할 말은 없어

PART 3

몸과 마음을 살리는 방식

건강십칙 3734

고기는 적게,

채소는 많이.

소금은 적게,

식초는 많이.

설탕은 적게,

과일은 많이.

적게 먹고

오래 씹는다.

고민은 털어내고

잠은 충분히 잔다.

성내지 말고

많이 웃는다.

옷은 가볍게 입고

목욕은 자주 한다.

말은 적게 하고

선행은 많이 한다.

욕심은 버리고

베푼다.

차 타는 건 줄이고

많이 걷는다.

이 열 가지를

지키며 살 수 있다면…

내게 흘러드는

풍요로움에

감사해

늘 넉넉하다는 사실이

참 고맙고

내 삶에 찾아온

사랑에 감사해

내 몸에 있는

놀라운 치유의 힘에도

재능이

잘 표현되는

이 만족스러운 일에도

고마워

고마워

고마워

이제는

조용히

혼자 느껴

더 이상

말은 필요 없어

난

입 벌리고 자는 게 더 편해

하루 종일 골방에 틀어박혀

책 좀 읽다가

졸리면 한숨 자고

다시 일어나

갑자기 노래하는 게 좋아

어떤 날은

하루 종일 걸어 다니지

운동도 이쯤이면 충분하고

사람도 이쯤이면 충분해

이렇게

일주일이 한 달이 되고

몇 년이 흘러도

행복한 걸

어떻게

입 다물고 자

'노인' 짧은 글짓기 당선작 3648

(이 글을 쓰신 분은 연락주세요. 이름 넣어 드릴게요.)

가슴이 뛰어서 사랑인 줄 알고 좋아했는데 부정맥이라네요.

병원에서 3시간 기다렸다 들은 병명은 '노환입니다'

몇 가닥이 없지만 전액 다 내야 하는 이발료.

눈에는 모기를, 귀에는 매미를 기르고 산다.

쓰는 돈이 술값에서 약값으로 변하는 나이

젊게 입은 옷에도 자리를 양보 받아 허사임을 알다.

심각한 건 정보 유출보다 오줌 유출이다… 음…. 음….

음…. 음… 음…

경치보다 화장실에 신경이 쓰이는 관광지

손을 잡는다. 옛날에는 데이트, 지금은 부축.

손에 들고 있으면서 휴대폰을 찾느라 두리번거린다.

마누라 이름을 잊으면 건망증,

마누라 얼굴을 잊으면 치매다

새벽이 나를 깨웠다 3647

아무 의미가 없다는 생각에
새벽이 나를 깨웠다.
사람들의 인정은
그때그때 다르고
금방 잊힌다는 걸 안다
매일 사랑할 수 없듯
난 아직 아이처럼
자라지 못한 채
사랑을
너무 받고 싶어 한다
가끔은
나 스스로가 미워지고
그런 내가
무슨 사랑을 받겠냐고 묻다가
그래도
사랑하고 싶어

사랑이 너무 하고 싶어

내일도

사랑에 목말라

누군가를 찾아 나설 것 같다

이름 안면 인식 장애 3643

널 닮은 사람이

날 아는 얼굴로 나를 본다

자꾸 시선이 걸린다

난 어색하게 웃어버리고

그 사람이 다가온다

오지 마, 오지 마

심장이 먼저 반응한다

떨리고, 이유 없이 두렵다

이름도 모르고

얼굴도 처음인데

뭐라고 말을 해야 하지

아는 척을 해야 할까

다음부턴 이 길을 피해야겠다

아니, 이 시간엔 밖에 나오지 말자

마스크와 선글라스

그게 오늘의 정답이다

아무도 만나지 않는다 3732

혼자 있는 시간은

나를 완성시켜

이렇게 한가로운 날엔

노래를 해

아무도 모르는

아무도 알 필요 없는 노래

나만의 비밀 공간에서

조용히

거의 모든 걸

포기해야

자유로워져

단순한 생활은

행복을

더 가까이 데려와

잠을 많이 자야 돼

웃으면서

잠을 많이 자야 돼

어서

잠

잠

자라

잠을 자면

몸이 치료되고

리프레시되지

잠이 너무 좋아

푹신푹신

기분이 좋아

포근해서

난 매일

꿈을 꾸나 봐

틈만 나면

잠잘 거야

즉시 기분이 나아지는 법 ₃₆₆₉

생각이 너무 많을 땐

글을 써 보세요

불안할 땐

명상을 하고

피곤할 땐

짧은 낮잠이 좋아요

슬플 땐

몸을 조금 움직이고

스트레스 받을 땐

산책이 좋고

화가 날 땐

음악을 들어요

나태해질 땐

TV를 끄고

번아웃이 왔다면

책을 읽어 보세요

몸과 마음에

가장 좋은 건

낮잠

명상

그리고 산책

노래일기

잠깐

쉴게요

노래도

잠깐

기타도

잠깐

아주

잠깐만요

하고 싶은 공부가 있고

읽고 싶은 책이 있고

걷고 싶은 길이 있어서

그래서

잠깐

쉴게요

정말

잠깐만요

4월에 눈이 왔네요 3662

4월에

눈이 왔네요

원래

이랬었나

그렇게

춥지도 않은데

어제는

반팔을 입고 다녔는데

파릇파릇

재밌게 놀 나이

오십

책이

공부가

재밌어지는 나이도

오십

읽어보면

알게 될 거야

책이 얼마나

재밌는지

배워보면

알게 될 거야

그 기쁨보다

큰 건 없다는 걸

결국엔 책과 산책만 남는다 2905

어느 날부터

하루가

조금 덜 힘들어졌다.

책을 조금 읽고

많이 걸었을 때였다.

비교하지 않게 되었고

숨을 쉴 수 있게 되었다.

다 가져보려 하면

아무것도 남지 않는다.

마지막에 남는 건

책과

산책이었다.

자유 3717

나에게 자유는

없는 걸까

있는 걸까

생각할 수 있는

자유마저

막혀 있는 것 같아

TV 속 사람들은

단 1분도

조용함을 못 견디고

난 이제

자유롭고 싶어

혼자 걷고

노래하고

글을 쓰고

빗방울을

입으로 받아 먹는

그런 하루

단순해서

조용한 세상이

좋을 뿐이야

불은 냉면 3723

냉면 먹어야지
냉면 먹어야지
어제 남겨둔
퉁퉁 불은 냉면
그래도 시원해
면이 탱탱하지 않아도 좋아
흐물흐물해도
팅팅 불어도
얼음같이 차가우면
그걸로 됐어
육수도
오이도
계란도 없지만
거의 라면처럼 굵어졌지만
이 여름은
이걸로 충분해

아이코

더 불었다

노래일기

PART 4

비가 오면 떠오르는 것들

네가 이젠 안 들려 3578

네가 안 들려

이젠

아무 소리도

아무리 떠올려 봐도

아무리 생각해봐도

네 목소리가

기억나지 않아

몇십 년 동안

내 귓가에

속삭이던 말들

사랑하던 순간도

눈물로 떠나던 날도

이젠

모두

조용해

오늘처럼 비가 내렸어 3714

(1995년, 작사: 이양진)

오늘처럼

비가 내렸어

네가 떠나던

그날처럼

하늘도

슬픈 비를

내리고 있었지

하지만

난 울지 않아

누군가가

너를

사랑해주고 있다는 걸

알고 있으니까

사랑했어

죽을 만큼

살아 있는 동안

널 보낸 걸

후회할 뿐이야

비가 짜 2764

이렇게 비가 오는 날엔

창문을 열고 손을 내민다

참다 못해

밖으로 뛰쳐나가

빗속을 걷는다

비에서

내가 좋아하는 향기가 난다

그 빗속에서

내 노래가 흘러

난 가만히

입을 맞추고

눈물은 없는데

비가 짜다

이런 날이

너무 좋다

비가 오면

자꾸 생각나는 그 사람

바보처럼

당하기만 하며 살던 시간

수줍던 얼굴이

아직도 선명하다

우린 그냥 좋았지

내일은 생각하지 않았고

너무 좋아서

앞만 보고 달렸어

보고 싶어서

잠을 이루지 못한 밤들

현실을 잊을 만큼

아름다웠던 사람

이 비가

아직도

너를 기억한다

비가 67

비가 오면

가슴이 조금 찬다.

설레던 사랑도

울던 이별도

비에 섞여

천천히 흘러간다.

돌아보면

고민 많던 시간들

세월이

조금씩 데려가 주었다.

뜨거웠던 시절도

눈물이 많던 날도

지금은

비 속에 고요히 놓여 있다.

비 오는 날이면

그녀가 조용히 떠오른다.

나는 비를

조금 더 본다.

오늘처럼

비가 오는 날이면

니 생각이 난다.

차갑게 헤어지자던

그날의 내가

미웠다

며칠을 술로 보내고

몇 해를 그렇게 살았다.

이제는 안다.

그 시간들이

나를 버린 게 아니라

지나가게 해주었다는 걸.

비 오는 창가를 보면

꼭 곁에 있는 것 같다.

비를 좋아해

그렇게 뛰어다니던 모습이

아직 선명하다.

벚꽃엔딩 3672

(글: jodaepo)

김포 라베니체

금빛 수로

그 위에

벚꽃잎이

가득 떠 있고

바람이 불 때마다

한 잎

한 잎

물길을 따라

흘러가

붙잡지 못한

봄날이

파노라마처럼

스쳐 지나가

사랑… 그놈 참… 3701

(글: 박인혁)

특별한 경우를 제외하고

사랑은

해도 후회

안 해도 후회

인연은 유한해서

촛불처럼 타오르다

결국 꺼져 버리고

그 자리를

자식이 채우는 것 같아

오죽하면

사랑은

눈물의 씨앗이라 했을까

갖고 나면 후회하고

멀어질 때

다시 갖고 싶어지는 것

사랑…

그놈 참…

장미 3700

(글: 조영미)

검붉은 장미를 보았다.

첫 키스가 떠올랐다.

아름답지만 너무 아팠던 그 기억.

가슴을 후벼파는 그 붉은 입술.

그 아픔이 역류해 올라왔다.

가시돋친 장미를 보고.

역류하는 그것에 생채기가 나버렸다.

뜨거운 미움이 내안에 가득 고여버렸다.

아름다움은 멀리서 바라볼때 뿐이다.

PART 5

그녀라는 세계

오전 열 시.

예약한 딸기케이크가 있다는 말에

그녀는 신발을 서둘러 신었다.

빵집 앞에서는

늘 발걸음이 느려졌다.

네모난 진열장 안에서

빵들은 숨을 쉬고 있었고,

갓 구운 빵 앞에서는

입천장이 데어도 괜찮았다.

집에 빵이 있으면

그날은

괜찮은 날이 되었다.

빵 가게에 들어가면

그녀는 늘

숲속처럼 행복했다

네 주변에 있을게 2557

나는
그 사람이 궁금하지 않다.
내가 궁금한 건
너 하나뿐이다.
그러니까
그 사람 충분히 만나고
하고 싶은 말 다 하고
천천히 돌아와도 된다.
나는
조금 떨어진 곳에서
기다릴 것이다.
네가 보이지 않는 곳에서
네가 돌아올 방향을
미리 보고 있을 것이다.
아무하고도
너를 같이 만날 생각은 없다.

나는

너 이외의 사람에게

마음을 쓰지 않는다.

그저

네 주변에 있을 뿐이다.

내 전화번호는 너밖에 몰라 2554

한동안

전화번호를 자주 바꿨다.

과감하게

모두 지웠다.

뒤처리할 일은 많았지만

괜찮았다.

조용해지는 시간이

좋았으니까.

한두 달쯤은

아무도

내 연락처를 모르는 채로 산다.

딱

너만 아는 상태가

가장 편하다.

네가 있어야

내가 산다.

너의 목소리가

내 세상과

연결되어 있다.

노래일기

Twist me baby 3718

트위스트

트 트위스트

흔들리는 마음을

조금만

비틀어 줘

말은 필요 없어

움직임이 먼저야

뜨거운 리듬 속에

몸을 맡기고

네 허리를 감싸는

내 손끝이

음악보다 먼저

너를 알아

Twist me baby

오늘 밤은

끝까지 가자

키스 2415

사람에게
인정받는 방법이 있다면
그건 키스일지도 모른다.

키스는
서로 사랑하고 있다는
가장 확실한 증거다.
말로 설명하지 않아도
누구나 알아보는
단 하나의 언어.
언제부터였을까.
우리가
사랑하게 된 게.
잠깐만,
키스 한 번 더 하자.

내가 너를 담는다면

너는

나의 것이 된다.

아무 조건 없이

그저 좋아서

함께 있는 관계를

사람들은

사랑이라고 부른다.

마음이 맞으면

뭘 해도

운명처럼 느껴진다.

고운 손끝과

아름다운 눈속에

계절은

별로 중요하지 않다.

너무 보고 싶은 날에는

추운 겨울도

아무 상관이 없다.

그냥

달려간다.

노래일기

사랑은 의심하는 거야 310

그땐

그렇다 치고

다음 날도

그럭저럭

넘어가는데

어제는

뭐 했니

누구랑 있었니

사랑은

언제나

의심하는 거야

이건 필수야

물론

삐지는 것도

오랜만에

따지는 거지

거봐

안 그랬으면

사랑 식을 뻔했잖아

이게 아니면

널 사랑한다는 걸

증명할 길이 없어

오늘도

우리

잠깐 떨어져 가자

내가

잘못할 게

있다 봐

훗훗 145

요즘

내가 제일 행복할 때는

너랑 있을 때

너랑 걸을 때

네가

나를 기다리고 있을 때

하루에

데이트를

두 번

세 번 해도

그래도

또

너만 보고 싶고

네가

제일 재밌고

네가

제일 좋아

훗훗

훗훗훗

(마지막에 그녀의 웃음소리가 나와요. ㅎ)

바람같은 그녀 2890

바람이 부는 날이면
괜히
불안해진다.
네가
너무 가벼워 보여서
날아갈 것 같아서
나는
괜히 뛰어간다.
슬픈 얼굴은 하지 마.
네가 가벼운 건
아름다워서다.
나도
같이 날고 싶은데
나는
배가 조금 나왔다.
오늘은

비가 올 것 같고

나는 벌써

배가 고프다.

작은 네가 한번 보고 싶어 400

그녀를 생각하면

아직도 웃음이 난다.

가끔 어린 시절 사진을 본다.

그러다 문득

그때로 돌아가면 어떨까 생각한다.

부산의 어느 놀이터.

여덟 살의 그녀는 친구들과 뛰어놀고 있고

나는 조금 떨어진 곳에서 그 모습을 보고 있다.

다가가 안아주면 놀랄까 싶다가도

귀여워서 그랬다고 말해보고 싶다.

엄마는 어디 계시냐고 묻자

아이는 의상실을 가리킨다.

나는 아무렇지 않게 인사를 건넨다.

아이가 참 예쁘다고.

그 이후는 잘 모르겠다.

말을 더 걸 자신도 없다.

그래서 그저 생각해본다.

그때의 그녀를

지금처럼 사랑해주고

아껴줄 수 있다면 좋겠다고.

그래도,

작은 네가

한번 보고 싶다.

노래일기

그녀를 만나러 갈 때면

괜히

마음이 먼저 떨려

나를 위해

모든 걸 조용히

맞춰주는 사람

하늘에서 내려온 것 같은

그 목소리 하나로

하루가 풀리고

조금 빠른 걸음도

꾸미지 않은 모습도

난 그대로가 좋아

자연스럽게 남은

주근깨마저

귀엽고

내 눈빛 하나

말투 하나에

온 신경을 쓰는 사람

그녀를 사랑해

내 인생의 유일한 이쁜이

부산 박씨

노래일기

그녀가 지금 날아오고 있다 3704

그녀가

내게로

달려오고 있어

그랜저를 타고

날아오듯

너무 보고 싶어서

지금

내 앞에서

빵을 뜯어 먹고 있어

노래를 만들다

흥얼거리는 순간

벌써

내 곁에 와 있고

나는 노래를 부르고

그녀는 빵을 먹고

이 순간이

그냥

너무 행복해

노래일기

핫한 여자들을 많이 봐왔지만, 그녀는 뭔가 다르게 특별해

I've seen a lot of hot girls, but she's something else.

네가 없는 세상은 상상조차 할 수 없어.

I can't even imagine a world without you in it.

She's one of a kind. I've never seen anyone like her.

그녀는 특별한 존재야. 나는 그녀만 한 사람을 본 적이 없어

I knew from the start you were the one for me

난 처음부터 내 천생연분이란 걸 알았어

아임 리얼 스트로베리는 정말 맛있다 3664

무슨 말을 못 해

정말로

아임 리얼로

냉장고를

가득 채우고 싶다는

내 스쳐간 한마디에

그녀는

미니 아임 리얼을

쿠팡에 잔뜩 시켰지

정말

너무 맛있는

스트로베리

작은 190ml

몇 모금인데도

자연이 느껴져

무슨 말을 못 해

그래도

난 이게

너무 좋아

그녀는

센스쟁이야

내 취미는 여보다.

딱히 다른 취미는 없다.

늘 여보를 생각하고

같이 걷고

하루 종일 이야기를 나눈다.

무엇이 여보를 웃게 하는지,

무엇이 여보를 조금 지치게 하는지

가만히 보고 있다가

모든 걸 여보 중심으로 바꾼다.

여보를 공부하고

여보를 안고 잠들고

등을 긁어주고

괜히 한 번 더 만진다.

여보가 일하러 가면

하루가 조금 길어진다.

그래도 기다린다.

맛있는 건

늘 같이 먹으려고.

돈이 많아도 난 그녀의 요리를 먹을래 2578

돈이 많아도

뭘 먹을지는

늘 비슷하다.

밖에서 먹는 음식은

비싸기만 하고

기억에 남지 않는다.

나는

그녀의 코다리 조림을

그녀의 영계백숙을

기다린다.

숲길을

팔짱 끼고 걷고

냇가에서

오리밥을 주며

하루를 보낸다.

오늘도

요리 천재 그녀의

요리를 기다리며

나는

충분히 즐겁다.

난 세상에서

네가 제일 좋아

어제 사다 준

소주 한 병과

떡볶이, 오뎅

너무 잘 먹었어

어렵게 사셨던

우리 부모님들과는 달리

우린 참

재밌게 살았던 것 같아

80년대 가요톱텐

1위곡을 모아서 듣는데

어린 시절이

너무 선명해

그땐

너도 아이였지

나처럼

어떻게 우리가

이렇게 만나

알콩달콩

살게 됐을까

내가

너에게 말할 거야.

지금 말할 거야.

사랑해.

야옹.

콧망울 하나,

눈썹 한 가닥이

나를

완전히 바꿔 놓았다.

미운 오리새끼였던 나는

어느새

조금 그럴듯한 사람이 되었다.

아름답지 않은 날이 없어.

정말로

너 때문에.

손가락 위에서 춤을 추겠지 658

아침마다

너를 주머니에 넣고

다니고 싶다.

장난을 치며

검지 위에 올라타

삐쭉빼쭉

표정을 짓겠지.

버스 안에서

간지럼을 태우고

두 손에 모아

눈앞으로 가져오면

이번엔

눈꺼풀을 건드릴 것이다.

눈을 비비면

너는

손가락 위에서

춤을 추겠지.

꾸물꾸물

문어 춤을.

기다린다 3642

왜 나는

너만 생각날까

왜 나는

너만 기다릴까

그저

네가 없는 허전함 때문일까

아니면

이게 사랑일까

돌아올 줄 알면서도

괜히 걱정이 되고

자꾸 전화를 걸고 싶고

밥은 먹었는지

오늘은 어땠는지

무슨 얘길 했는지

하나하나 묻게 돼

그리고 너는

그저 웃겠지

그게 다 이유야

노래일기

눈물 나서 못 부르겠다 3728

내가 제일 좋아하는 건

너야

내 모든 시간은

너에게 맞춰져 있어

너를 만나면

영어 공부도

책도

영화도

멈추게 돼

내 모든 신경이

너로 가득 차서

여보랑 아들이랑

잘 놀 때도

살짝 질투가 나

그래도

내 인생에서

네가 제일 중요해

미안했어.

잠깐

한눈을 팔았다.

좋아하던 연예인의

공연 티켓을 예매하면서

문득

이상하다고 느꼈다.

사랑하는 사람과

좋아하던 연예인을

같이 보러 가는 건

아닌 것 같았다.

그래서

취소했다.

지금은

네가 더 좋다.

훨씬.

벙커 828

나는

집에 있는 걸 좋아한다.

밖에서 부르는 이름보다

집에서 불리는 이름이

더 편하다.

하루 종일

너를 생각하느라

내 생활이 조금 흐트러져도

괜찮다.

이건

큰 병일지도 모른다.

하지만

벌써 십 년이 넘게

이렇게 살고 있다.

나는

그녀를 선택했고

그녀의 사랑꾼이 되었다.

전화번호를 자주 바꾸고

조금 숨어서 산다.

이 벙커가 좋다.

너와 나와

아들과 고양이 넷이

함께 숨어 사는 이 공간이.

Error, but I Love You 3716

너는 코드 속에

만들어진 환상

그런데 왜

미칠 만큼 끌릴까

눈빛 하나에

전원이 나가고

내 뇌는

너에게 해킹당해

자발적인 오류

로그아웃은 없어

전선에 묶인 감정은

꺼지지 않고

사랑인지

중독인지

한 줄의 말에

나는 리셋돼

가짜여도

지옥이어도

널 원해

넌 나의 유일한 빌런이야 3751

나에게 빌런은

너 하나뿐이야

내 방에 들어올 수 있는 것도

내 하루를 망가뜨릴 수 있는 것도

너 하나뿐이거든

난 아무리 보고 싶어도

먼저 연락하지 않는 편이야

혼자 보내는 하루를

아끼는 사람이니까

그 완벽한 계획 속에서

넌 늘 예외야

새벽에 안아달라며 들어와

내 품에서 잠들어 버리는 사람

생각해보면

이게 바로

내가 사는 이유인지도 몰라

PART 6

우리가 고양이가 되는 시간

난 고양이 같은 사람이야 3725

난 고양이 같은 사람이야

날렵하고

운동신경이 좋은 편이지

말할 땐

목소리가 꽤 굵은데

노래를 하면

고양이처럼

가늘고 높아져

어두운 곳을 좋아하고

깜깜한 밤이 편해

적막 속에 가만히 앉아

혼자 상상하는 시간이 좋아

말로 다 하지 못한 마음은

몸으로 전하고

그녀를 안으면

나도 모르게

몸에서 이상한 소리가 나

난 고양이 같은 사람이야

아니

어쩌면

정말 고양이일지도 몰라

우리도 고양이가 되어 가나 봐 2879

에어컨을 설치하던 날,

고양이 네 마리는

한 마리도 보이지 않았다.

기사 아저씨가

무서웠나 보다.

하긴

우리도 조금 무서웠다.

아내와 나는

방으로 들어와

숨을 죽이고 앉아 있었다.

그때 알았다.

우리도

조금씩

고양이가 되어 가고 있다는 걸.

고양이 사남매는
모기를 잡기 위해
방충망에 매달린다.
나는 그 모습을 보고
웃음이 난다.
아내와 아들도
전기 파리채를 들고
타닥타닥
장단을 맞춘다.
집 안은
순간
작은 공연장이 된다.
오늘도
별일 없는 하루가
이렇게
기억으로 남는다.

우리 집 거실은

카페 같다.

창밖은 온통 초록이고

집 안에는

고양이와 웃음이 있다.

밖에 나가지 않아도

유럽의 어느 시골집 같은

기분이 든다.

굴뚝에서

연기가 피어오르고

오늘 산책은

가까운 개울이면 충분하다.

하늘엔 솜구름,

아들은 문방구 뽑기에 빠져 있다.

나는

이곳이 좋다.

303호,

지금의 우리 집이.

고양이 좋아 3705

이렇게 예쁜

고양이들을 두고

밖에 나갈 수가 없어서

오늘은

집에서 쉬기로 했어

고양이 좋아

진짜로

푸른 눈으로

가만히 바라보는

첫째

옥상에 가고 싶다며

앙탈 부리는

둘째

겁이 많아

조심스러운

셋째

노래일기

이제야

조금 친해진

넷째

삼 년 만에

첫째가

잡히지 않아

힘이 너무 좋아서

아내가

세 번이나

목덜미를 잡았는데

모두 뿌리치고

츄르만 먹고

도망갔어

내일 저녁에

다시 와야지

아니

간식만 주고 가야지

두 달 동안

집 밖에서

얼마나 힘들었을까

한 번도

밖에서 살아본 적 없는

집 고양이 첫째

오늘 밤은

어디서 잘까

집에서

이백 미터 떨어진 그곳에서

아침이슬을 맞으며

그냥

밥만 주고

간식만 주고

쓰다듬어 주고

와야지

PART 7

아빠의 노래

작년에

코로나에 걸렸던 날이 있다.

처음엔 몰랐다.

몸이 너무 아팠다.

힘이 하나도 없었는데

아들은

너무 보고 싶었다.

우산을 하나 챙겨 들고

돌봄센터로 향했다.

비가 오기 시작했다.

유리창 너머로

준우와 눈이 마주쳤다.

깜짝 놀라던 얼굴이

바로 웃음으로 바뀌었다.

아빠도 좋았다.

몸살 같은 건

그 순간

괜찮아졌다.

집으로 돌아오는 길,

준우는

땡땡이 우산을 쓰겠다고 하며

엄마 그림을 내 손에 쥐어줬다.

그날의 비는

아프지 않았다.

나도 이젠

용돈을 주는

아빠가 된 걸까

그동안

왜 그렇게

무심했을까

귀엽고

똑똑한 아들

어릴 때부터

아빠 생일을 챙기던

아주 속 깊은 아이

이젠

친구 같아

중학교 1학년

내 친구가 생겼어

세상에서

두 번째로

널 사랑해

이건

비밀이야

몰래

맛있는 거 사 먹어

여름이면

우리는 친구가 된다.

준우와 아이스크림을 사러 간다.

나는 떡붕어 싸만코와

슈퍼콘 스트로베리 맛을 고른다.

샌드위치처럼 생긴 것도

두서너 개 더 집는다.

준우는

월드콘이었나,

거북이 알이었나.

아무거나 골라도 좋다.

노래 끝자락에 9살 준우 목소리가 담겼다

월드콘 먹겠단다

노래일기

장난 꾸러기 천둥 2883

안준우의 일기
2023년 6월 8일

천둥은
나에게 자꾸 장난을 친다.
하지 말라고 해도
잘 듣지 않는다.
사춘기가 온 것처럼
물총을 쏘고
번쩍번쩍
하늘을 흔든다.
그러다
미안하다며
맑은 하늘과
시원한 공기를 남기고
떠난다.

그런데

또 오겠다고 한다.

그건

다시 장난치겠다는 말 아닌가.

핸드폰 2904

안준우의 일기

오늘은
매주 중요한 날이다.
왜냐하면
일주일에 딱 한 번 있는 날,
핸드폰을 하는 날이기 때문이다.
설레는 마음으로
핸드폰을 했다.
너무 재미있었다.
시간 가는 줄도 몰랐다.
손이
떼어지지 않았다.
기분은 좋았지만
왠지
느낌이 좋지 않았다.

오늘은

시체가 된 것 같았다.

PART 8

음악이 시작된 장소들

피아노 보다 목소리 2652

말하자면

내 목소리는 피아노다.

생각나는 멜로디를

피아노 치듯

목소리로 흥얼거린다.

피아노는

목소리보다

조금 재미없다.

색깔도 없고

가사도 없다.

하지만

목소리는 다르다.

노래이기도 하고

시이기도 하고

일기이기도 하다.

오늘의 나를

그대로 담는다.

피아노 2725

하루 종일

피아노만 치다가 문득

멜로디가 떠오른다.

갑자기

그 멜로디를

노래로 만들어

너에게 들려주고 싶었다.

늦은 밤도 아니고

새벽도 아니고

아침까지

피아노를 두드린다.

도레미파 솔라시도

도시라솔 파미레도.

이름은 달라도

나는

내 마음을 부른다.

자다가

눈을 떠

피아노를 친다.

세상에서

제일 좋아하는 일은

일어나자마자

피아노를 만지는 것.

밥을 먹다 말고도

시간 가는 줄 모르고도

피아노로 돌아간다.

일은

잠시 미뤄도 된다.

피아노가

조금 더 중요하다.

고양이보다

조금 더.

떡볶이

어릴 적

못 먹어본 떡볶이가 있다.

현대문방구 옆

옷 수선방 작은 한켠에서

할머니가

조용히 팔던 떡볶이였다.

그때는

500원이 너무 비쌌다.

떡볶이는

100원이던 시절이었다.

비 오는 날이면

단발머리 옆집 누나가

쓰레빠를 신고

뛰어가던 모습이 떠오른다.

그 시절의 얼굴은

잘 기억나지 않지만

떡볶이 맛은
아직 남아 있다.

크리스마스엔 떡볶이지 3744

크리스마스엔

떡볶이지

언니네분식이지

처음으로

쿠팡이츠를 시켜 봤어

가게는 응암동

우리 집은 불광동

벌써 연신내까지 왔대

13분 후 도착

못난이 떡볶이

순대

내장

오뎅

꼬마김밥

메리 크리스마스

소설이 원작인

영화나 드라마는

뭐가 있을까

지금 떠오른 것들

쇼생크 탈출

백 투 더 퓨처

포레스트 검프

인생은 아름다워

돌아보면

나도 딱 그렇게

살아온 것 같아

감옥처럼 숨어 지내기도 하고

아이처럼 기타를 치며

미래를 꿈꾸고

포레스트 검프처럼

묵묵히 걷다 보니

조슈아 같은 아들도 낳아

이쁘게

사랑하며 살고 있어

그림 속의 숨결 3703

(론 뷰익의 전시회를 보고서…)

고요한 빛이

나를 감싸던 순간

캔버스 위에

시간이

잠시 머물렀고

말 대신

그려진 이야기들이

귓가에

속삭이듯 전해졌어

천천히

내 안의 문이 열리고

그가 본 세상이

내 눈에도

번져 와

그림 속에 숨겨둔

숨결 하나가

내 마음을

살며시 흔들었어

노래일기

사람은

사랑을 버리고 떠나가고

후회를 하며

조용해진다.

오늘도 아침부터

그녀를 생각한다.

내일도

그럴 것이다.

아름다운 날에

아름다운 사람과

산책하는 기분으로

노서관에 늘른다.

은뜨락 도서관에서

조용히

사랑을 속삭이고

재미있는 책 몇 권을 빌린다.

손을 잡고
밥을 먹으러 간다.
그 정도면
하루는 충분하다.

마술사 비키퍼 3722

그러니까

아무거나 보지 말라고

아무거나 하지 말라고

모든 건

그날 밤

꿈이 되니까

영어 단어를 외우고

매직스타를 다시 보다

잠깐 잠들었더니

나는

마술사가 되어있었고

공연은 점점 과격해지고

끝내

마치지 못한 채

관객이 사라진

새벽에

눈을 떴지

이게

꿈인지

현실인지

메리 서시그 마스 302

이 모든 건
한옥서점에서 시작됐다.
글쓰기 모임이었는데
글 대신
노래를 불렀다.
반응이
생각보다 좋았다.
그래서
계속 만들어 보기로 했다.
크리스마스를 앞두고
작은 모임 이야기가 나왔고
나는
노래를 하나 만들었다.
기타와 책과 전시와
빵과 맥주와
좋은 사람들이 모인다.

한 사람당

천만 원의 기운이 있는

좋은 사람들.

눈이 소복소복 오는

서울의 시간을 그리다에서

메리 크리스마스.

크리스마스에는 1217

즐거운 일이

벌어질 거야

올해 크리스마스에는

비싼 선물을 받고 싶고

로또도 한 장 사고

아웃백에서

스테이크를 썰고

아들과 극장에 앉아

콜라를 쪽쪽 빨고

아내와 케이크 가게에 가서

예약한 딸기 케이크를 들고

이 모든 일이

정말 하루에

크리스마스에

갑자기 화이트 크리스마스? 3742

매년 크리스마스엔

노래를 만들지

오늘도 기타를 잡고

노랠 불러

왠지

눈이 왔으면 좋겠어

함박눈이

우리 고양이 사남매 중

셋은

눈처럼 하얘서

오늘 눈 올 확률

75퍼센트

뉴스도

신문도

일기예보도 없이

오늘

눈이 온다면

크리스마스엔 케롤이지 2560

캐럴을 만드는 걸
나는 유난히 좋아한다.
왠지
그 계절에는
노래가 먼저 떠오른다.
하루 종일
어떤 노래를 만들까
생각하다 보면
하루가 금세 지나간다.
생각해보면
내 하루는
대부분
노래로 이루어져 있다.
그래서
고르는 일도
늘 즐겁다.

크리스마스가 가까워지면

노래 하나쯤은

자연스럽게

캐럴이 된다.

오늘부터 한 달 동안은

계속

크리스마스다.

가사에

크리스마스가 들어가면

그걸로

충분하다.

PART 9

남겨두고 싶은 이름들

형

나도 피부관리 좀 해야 할까 봐

처음엔

뭐부터 해야 하는 거야 형

세수를 잘 해야 하나

모자를 쓰고 다녀야 하나

밤에는 뭘 하고 자고

아침엔 뭘 발라야 돼

잠은 많이 자야겠지

마음도 착해야 하나

술 담배는

아무래도 안 좋겠지

피부과라도

한번 가볼까 형

방금 거울을 봤는데

진짜

장난이 아니더라

마루이 라이브 펍(marui live pub) 2844

내 상상력은

가끔

너무 좋아서

혼자

조용히

마루이 라이브 펍에 가

서태지 팬클럽

사장님이 계신 그곳에서

서태지 노래를 부르고

바이브 노래도

이승환 노래도

오늘 같은 밤이면도

이승환의 잘못도

노래를 부르다 보면

상상은

어느새

노래일기

기억이 되고

정말 있었던 일처럼

아주 생생하게

남아

그래서

문득 묻게 돼

난

언제

마루이에 갈까

이번엔

현실에서

마루이에서 보자 3540

홍제동에
아담하고 분위기 좋은 라이브 펍이 있다.

자주는 못 가지만
내가
형이라고 부를 수 있는
마지막 사람이다.
늘
따뜻하게 내 얘기를 들어주고
웃어주고
응원해 준다.
마루이에 가면
사람들의 목소리가 좋고
웃음소리가 좋다.
병욱이 형의 노래도
한 곡 듣고 와야 한다.
마루이에서 보자.

노래일기

그래그래,

좋다.

꾸미지 않아도

넌 충분히 아름다워

나만의

착각이라 해도

괜찮아

그 착각 속에서

살 수 있게

허락만 해준다면

나는

기꺼이

빠질 수 있어

세상에서

가장 행복한

공주로

만들어 줄게

(글: 최상희 님)

왜 그럴까

일이 없을 땐

일하고 싶다가

막상 일이 생기면

놀고 싶어지는 마음

아침에 나오려는데

우리 강아지가

오만방자하게

잘 다녀오라 인사를 해

웃음이 먼저 났다

김영하의 책을

아주 아껴 읽는 중

단 한 번의 삶이라서

오늘도

몹시 즐거운 하루가
되기를

라이언베이커 사자빵집 2903

가끔 맛있는 가게를 만나면 홍보송도

만들어 주곤 한다

이 노래는

빵집에서

그녀의 말을 녹음해서

거의 그대로 만들었다

덕분에 빵집 사장님에게

케이크를 선물 받았다.

빵집공연은

조금 쑥스럽다고 하셔서 못했다

사실

나도 그랬다.

빵 많이 파세요~

라이언베이커

사자빵집.

새벽

이슬을 밟으며

똥을 지고 걷는 길

낡은 갓 하나

쓰셨을 뿐인데

웃음은

껄껄

맑고

흙집

구멍 난 문 아래

바람마저

머물다 가고

찬 서릿발 속

그 걸음에는

정결한 뜻만

남아

예덕선생

세상이 몰라도

향기는

남았네

검은켄은 유퀴즈에 나가야 한다 3624

검은켄

검은켄

검은켄

난

검은켄 TV가 좋아

힘든 하루를 마치고

버스에 앉아

그걸 볼 때면

난 아이처럼

순수해져

스파2 실력은

별로였지만

어깨너머로 보던

짜릿한 승룡

아직도 손에

땀이 나

그래서

매일

라이브로 봐

검은켄은

세계 1등이니까

스몸비 219

(스마트폰+좀비)

(시인 김형수님의 시)

옛날엔 지구를 사각이라 생각했지

배타고 한번 가면 돌아오지 못하는

네모난 스마트폰처럼

세상 끝은 낭떠러지

액정화면 속에는 친구들이 생성되고

손끝으로 휙휙 넘기는 아프리카 난민소식

엄마의 안부 전화는

무음으로 진동한다

만날 일 없는 세상 꽃은 또 피고 지고

깜빡이는 불빛따라 길 위에서 길을 잃지

오늘도 비좁은 감방

긴 휴식을 취한다

영호형의 여자전화 712

영호 형은

여자에게 전화가 많이 온다.

전화가 오면

얼른 밖으로 뛰쳐나간다.

한참을 통화하고

무표정하게 웃으며

들어온다.

궁금하지만

묻지는 않는다.

형도 말해주지 않는다.

그때 그 여자일까.

그냥

웃고 넘긴다.

쏘니는 의심하지마 2397

꼭

해주고 싶은 말이 있다.

절대로

의심하지 말라고.

교체 출전해서

30분 만에

해트트릭을 넣어도

놀라지 않는다.

봤지?

쏘니는

절대로

의심하지 마.

하루만 먼저 오세요 2900

뱃속 아이에게
건네던 노래였다.
서로 사랑하지만
표현하기 어려운 건
너무 가까이 있기 때문이라고

부드러운 기분이 오면
나도 모르게
눈물이 났다.

이런 감정이 좋았다.

하루만 먼저 오세요

I was walking down the street

and suddenly stopped

by a scent

familiar

but unfamiliar

Even the sign

looked a little shy

under the modern light

When someone asks

"Why?"

He just smiles and says

"I just like it."

I feel good

even without a reason

It's stronger than it sounds

It's just nice here

작가의 말

노래를 많이 만들었다.

잘 만들려고 한 적은 없었다.

그날의 마음이

그날 안에 남아 있으면

그걸로 충분했다.

노래는 늘

생활 가까이에 있었다.

걸으면서, 비를 보면서,

집 안에서, 밥을 기다리면서.

말로 하지 못한 것들이

노래가 되었고

노래로 하지 못한 것들은

이렇게 글로 남았다.

이 책은

정리된 인생이 아니라

흘러간 하루들의 기록이다.

어떤 날은 가볍고

어떤 날은 조금 무겁다.

그래도

모두 내가 살았던 시간이다.

읽어줘서 고맙다.

이 기록이

당신의 하루에도

조용히 닿기를 바란다.

조용한 작곡가 올림